nickelodeon

DORA L'EXPLORATRICE

W0291583

2 histoires + 1 mini dico français-anglais

Dora, une super grande sœur !

P'TIT TOME

Albin Michel

1

Dora devient grande sœur

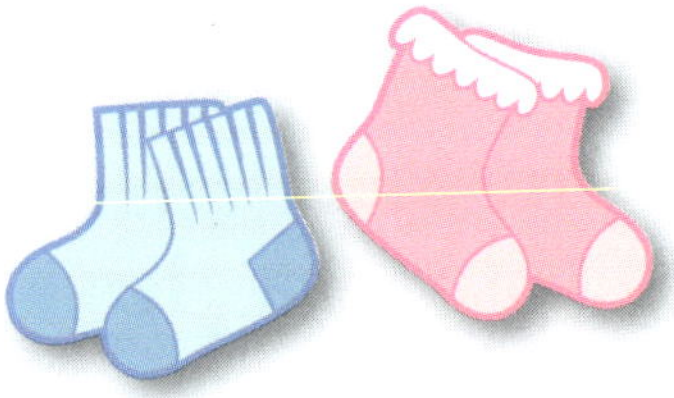

1

PETITE FILLE OU PETIT GARÇON

– *Hello!* C'est moi, Dora ! Aujourd'hui, j'ai une grande nouvelle à annoncer à mon ami Babouche ! Le vois-tu quelque part ? Oui, il est dans l'arbre !
Babouche fait un **bisou** à Dora.
– Babouche ! Quelqu'un va re-

joindre ma famille. Il va dormir dans un **berceau**, va boire au **biberon**, portera des **couches** et il faudra le **bercer** pour qu'il s'endorme.

– Un **bébé** ?

– Oui, Babouche ! Ma maman, *my mummy*, va avoir un bébé !

– Oh, Dora ! Je suis sûr que tu seras une super grande sœur !

Babouche est très impatient de connaître le **petit frère** ou la **petite sœur** de Dora.
– Hé, Dora ! Quand va arriver le bébé ?

– Mon papa, *my daddy*, m'a donné un **téléphone portable** pour me prévenir quand le bébé sera là.

Dora n'attend pas longtemps, car soudain, « **BIP-BIP ! BIP-BIP !** », son téléphone se met à sonner.

– Allô, *Daddy* ?

– Dora ! Rentre vite à la maison ! *Come home, quickly!* Maman va bientôt avoir son bébé.

– J'arrive !

Les deux amis sont si heureux qu'ils ne parlent que du bébé.
– Dora, ce sera peut-être une **petite fille**.
– Ou un **petit garçon**, Babouche.
– J'ai vraiment hâte de le voir !
– Moi aussi, Babouche ! Nous devons trouver le chemin le plus rapide pour rentrer. Sais-tu à qui l'on fait appel lorsqu'on ne sait pas quel chemin prendre ?

À la **CARTE**, bien sûr ! Dis « **CARTE** » avec nous. Oui !

La **CARTE** a tout entendu et sort de la poche de **SAC À DOS**. Elle dit à Dora et Babouche de traverser la **FORÊT QUI FAIT PEUR**, puis de passer la **FERME AUX NOISETTES** pour enfin arriver **CHEZ DORA**.

– Où devons-nous aller d'abord ? Dans la **FORÊT QUI FAIT PEUR** ? Oui, tu as raison ! Allons-y ! *Let's go!*

2

CROA ! CROA !

Dora et Babouche doivent être courageux pour traverser la FORÊT QUI FAIT PEUR ! Soudain, Dora s'arrête en chemin :

– Vois-tu la FORÊT QUI FAIT PEUR ?

– Oui, Dora ! Là-bas !

– En route, Babouche ! Veux-tu venir avec nous ? Génial !

En chemin, Babouche aperçoit **Véra**, leur amie varan. Il est impatient de lui annoncer la bonne nouvelle !

– Hé, **Véra** ! La maman de Dora va avoir un bébé, *a baby*.

– Oh ! Je pourrai lui apprendre tout ce que je sais sur les fleurs, *flowers*, et les papillons, *butterflies*.

– Super, les amis ! Mais nous devons d'abord traverser la FORÊT QUI FAIT PEUR.

Dora a raison et Véra veut bien être le guide.

– Attention ! Ici, il y a des tas d'animaux qui font très peur, comme les **serpents** et les **crocodiles** !

– Ne t'inquiète pas, Véra ! Nous n'avons qu'à suivre le chemin où se trouve la gentille **grenouille**, *frog*.

Dora, Babouche et Véra s'enfoncent dans la FORÊT QUI FAIT PEUR, mais bientôt, ils doivent s'arrêter. Ils hésitent entre trois chemins.

– Nous devons chercher le chemin où se trouve la grenouille. Veux-tu m'aider ? Super ! Est-ce qu'elle est sur le premier chemin, le second ou le troisième chemin ? Le troisième, bravo !

Le trio s'avance prudemment, mais voilà que d'autres chemins se croisent.

– J'ai encore besoin de toi ! Est-ce que la **grenouille** est sur le premier chemin, le deuxième ou sur le troisième chemin ? Non ? Alors, est-elle sur le quatrième chemin ? Non plus ?

Mais oui, tu as raison, elle est sur **le cinquième** ! Grâce à toi, on a réussi à traverser la **FORÊT QUI FAIT PEUR** !

Dora et Babouche remercient leur amie Véra et continuent leur route.

– Où devons-nous aller, maintenant ? Oui ! À la **FERME AUX NOISETTES** ! Allons-y ! *Let's go!*

3

VROUM ! ÇA VA VITE !

Dora et Babouche avancent d'un bon pas, quand ils aperçoivent **Totor** au bord d'un chemin.

– Tu as vu, Dora, Totor a sa **voiture** !

– Super, Babouche ! Il pourra peut-être nous emmener à la **FERME AUX NOISETTES**.

Les deux amis s'approchent du gentil taureau et comme d'habitude, Babouche annonce la grande nouvelle… Totor est tout content.

– Je pourrai promener le bébé sur mon dos.

– Avec plaisir, Totor ! Mais nous devons d'abord rentrer chez moi. Peux-tu nous emmener dans ta voiture jusqu'à la **FERME AUX NOISETTES** ?

– Bien sûr, mais je ne sais pas si j'ai monté ma voiture comme il faut !

Dora et Babouche sont prêts à aider leur ami.

– Veux-tu nous aider, toi aussi, à comprendre la **notice** de montage ?

Génial ! Alors, il faut que nous montions les quatre roues, le siège et le volant. À ton avis, que faut-il monter en premier ?

Les roues, bien sûr ! Allez, aide-moi à les visser ! Tends bien les mains, *hands*, devant toi et tourne, tourne ! Oui, comme ça ! Ça y est ! Que faut-il monter en deuxième ? **Le siège**, tu as raison ! Et enfin, **le volant** ! Allez, tends bien les bras, *arms*, devant toi et tourne, tourne pour le visser. Bravo ! Grâce à toi, nous avons monté la voiture de Totor.

Dora et Babouche montent vite à bord et arrivent bientôt à la FERME AUX NOISETTES. Que de monde ! Des écureuils vont et viennent sur les chemins pour récolter les **noisettes** ! Heureusement, Dora et Babouche aperçoivent leur ami Tico. Il les aide à traverser prudemment la **Forêt aux Noisettes** !

– Regarde bien les panneaux que tient notre ami Tico, et dis-moi si on peut traverser. Quand le panneau est **rouge**, *red*, il faut s'arrêter, et quand il est **vert**, *green*, on peut y aller. À ton avis, le panneau est-il « *red* » ou « *green* » ?

Oui ! Bravo ! Il est **vert**, on peut donc traverser. Grâce à toi, nous avons réussi à traverser la **FERME AUX NOISETTES** .

4

LA SURPRISE DE DORA

Dora et Babouche saluent leur ami Tico et poursuivent leur route, mais ils sont de plus en plus impatients !

– Il ne nous reste plus qu'à trouver MA MAISON, *my house*, Babouche. Est-ce que tu la vois ?

– Elle est là, Dora ! *There it is!*

– Exact, Babouche ! Vite, dépêchons-nous ! Veux-tu venir avec nous ? Super ! On va bientôt voir le bébé !
Les deux amis sont si pressés qu'ils courent jusqu'à la **MAISON DE DORA**.

Dès qu'ils poussent la porte, tout le monde est là pour les accueillir ! Dora présente vite sa famille à Babouche :

– Regarde, Babouche, là, c'est **mon cousin Diego** et à côté, c'est sa grande sœur **Alicia** ! Et là, c'est **mon oncle**, *my uncle*, et **ma tante**, *my aunt*. Et bien sûr, **ma mamie**, *my grandma*.

Babouche salue tout le monde, quand, soudain, le **papa** de Dora annonce :

– Ma chérie, tu es grande sœur, maintenant ! Et ta maman et moi, nous avons une surprise pour toi. Viens, suis-moi dans la chambre du bébé !
Dora est très étonnée. Pourquoi son *daddy* dit ça ?

Avant de découvrir le bébé, Dora fait un câlin à sa maman.

– *Mummy!* Le bébé, est-ce un garçon ou une fille ?

– Approche-toi du berceau, ma chérie et tu sauras tout.

Doucement, Dora et Babouche s'avancent et…

– Oh ! Il y a deux bébés ! Ce sont des jumeaux. Il y a un **bébé garçon** et un **bébé fille** ! J'ai donc un **petit frère** et une **petite sœur** !

Dora est la plus heureuse des grandes sœurs. Mais son **petit frère** et sa **petite sœur** ont envie de dormir.

– Il faut les **bercer** pour les endormir ! Veux-tu nous aider ? Génial ! Mets les bras en forme de berceau et **berce** doucement les bébés. Oui, comme ça... *Chut* ! Ils se sont endormis... Merci de ton aide. C'est gagné ! *We did it!*

2

La Fée des Rêves

1

DEBOUT, GENTILLE FÉE !

– *Hello!* C'est moi, Dora !
– Et moi, c'est Babouche !
– Et voici mon **petit frère**, Guillermo, et ma **petite sœur**, Isabella ! C'est l'heure de la sieste. Ils aiment bien que je leur raconte une histoire des **Super Bébés** pour les endormir.

Dès qu'ils entendent Dora, Guillermo et Isabella gazouillent.
– Je vais leur raconter comment les Super Bébés sont venus en aide à la Fée des Rêves. Veux-tu l'écouter, toi aussi ? Formidable ! *Great!*

Dora commence à raconter l'incroyable histoire de la **Fée des Rêves** qui passe son temps à dormir. Seul son **Coq d'Or** peut la réveiller.

– ***COCORICO ! COCORICO !***

Ça y est, la **Fée des Rêves** est enfin réveillée !

Munie de sa **baguette magique** et de son **sac à rêves**, elle se précipite auprès de tous les bébés du monde pour les endormir.

Mais aujourd'hui, Dora et Babouche s'impatientent. Le **petit frère**, *the baby brother*, et la **petite sœur**, *the baby sister*, de Dora sont dans leur lit et la Fée n'est toujours pas là…

Dora a une idée :
– Allez, Babouche, nous devons retrouver la **Fée des Rêves** !
– Mais, Dora, nous ne savons pas où elle est !
– Sais-tu à qui l'on fait appel lorsqu'on ne sait pas quel chemin prendre ? À la **CARTE**, bien sûr ! Dis : « **CARTE** ! » avec nous ! Oui ! Elle nous a entendus !

La **CARTE** sort aussitôt de la poche de **SAC À DOS**.

Elle dit à Dora et Babouche que la **Fée des Rêves** habite au **CHÂTEAU DES RÊVES**, mais la porte est fermée et le pauvre Coq d'Or ne peut pas entrer pour la réveiller. Pour la libérer, il faut d'abord traverser la **FORÊT DU GÉANT**, puis franchir la **MONTAGNE DES DRAGONS**.

– Alors, où devons-nous aller d'abord ? À la **FORÊT DU GÉANT**, oui, c'est bien ça ! Allons-y ! *Let's go!*

2

VA-T'EN, LE VENT !

Les Super Bébés sont impatients de retrouver la **Fée des Rêves**, alors, ils sautent dans leur **super poussette** pour partir avec Dora et Babouche !

– Allons réveiller la gentille fée pour qu'elle aide tous les bébés à s'endormir et à faire de beaux rêves ! Veux-tu venir avec nous ? Génial ! Tu vas voir comme les Super Bébés savent super voler comme des oiseaux et super souffler comme le vent !

En chemin, Dora et Babouche aperçoivent leur ami Tico. Il est très embêté, car il n'arrive pas à endormir des **bébés écureuils**. Heureusement que Dora et Babouche connaissent une chanson douce ! Ça y est, les bébés écureuils s'endorment.

Dora et Babouche continuent leur route avec les **Super Bébés**. Et bientôt…

– Regarde Dora ! Je crois que nous sommes arrivés dans la **FORÊT DU GÉANT**.

– Exact, Babouche, mais écoute ! On dirait les **pleurs** d'un **très, très gros bébé**. Est-ce que tu le vois ? Oui, dans l'arbre ! Oh, non, le vent souffle si fort que le berceau va tomber. Allez, souffle avec nous et les **Super Bébés**. Encore plus fort ! **SOUFFLE, SOUFFLE !** Bravo ! Nous avons réussi à repousser le vent.

Les **Super Bébés** déposent le berceau du bébé géant par terre. Tout à coup, Dora et Babouche sentent le sol **TREMBLER**…

– Hé, Babouche, voici notre ami le **Géant** !

– *Hello*, Dora, *hello*, Babouche, et merci, *thank you*, d'avoir sauvé mon bébé. J'étais parti à la recherche de la **Fée des Rêves**.

– Ne t'inquiète pas, **Géant**. Elle est encore endormie, mais nous allons la réveiller.

Les Super Bébés remontent vite dans leur super poussette pour ne pas perdre de temps. Dora récapitule le chemin :

– Nous avons traversé la FORÊT DU GÉANT. Où faut-il aller ensuite ? Oui, à la MONTAGNE DES DRAGONS ! Allons-y ! *Let's go!*

3

C'EST COINCÉ !

La super poussette des Super Bébés va si vite que Dora et Babouche se retrouvent rapidement au pied de la MONTAGNE DES DRAGONS. Seulement, Babouche n'est pas très rassuré.
– Elle est très HAUTE, cette montagne, Dora. Comment allons-

nous faire pour atteindre son sommet ?

– Ne t'en fais pas, Babouche ! Les Super Bébés vont nous faire ***super voler*** jusqu'en haut !

Dora a raison ! Les Super Bébés soulèvent aussitôt leur poussette et volent dans les airs.

Mais soudain, il y a un gros problème.
– Oh non, regarde, Babouche ! Les **capes magiques** des bébés sont restées accrochées à un **cactus** !
– Mais Dora, les Super Bébés ne peuvent pas voler sans leurs capes.
Vite, les deux amis récupèrent les capes coincées, mais…
– Dora, la cape de ton **petit frère** est toute **déchirée**.

– J'ai vu Babouche et celle de ma petite sœur est abîmée aussi !
– Comment allons-nous faire pour les réparer ?
Les Super Bébés ont l'air très ennuyé eux aussi.
Tout à coup, Dora reconnaît une voix qui l'appelle :
– *Hello*, Dora !

– C'est mon amie Camila ! Génial ! Sa maman a un atelier de tissage !
Dora, Babouche et les Super Bébés sont tout contents.

Camila propose de recoudre les capes à l'aide du métier à tisser de sa maman.
– Camila a besoin de notre aide pour choisir du fil de la bonne couleur. Regarde bien la cape de ma **petite sœur** Isabella. Il y a un losange **rouge**, *red*, puis un losange **bleu**, *blue*.

De quelle couleur est le losange qui manque ? *Blue*, c'est ça ! Grâce à toi, la cape est réparée !

Maintenant, regarde bien celle de mon **petit frère** Guillermo. Les losanges de sa cape suivent cet ordre : **bleu**, **bleu**, **rouge**, **bleu**, **bleu**, **rouge**.

Sais-tu de quelle couleur est le losange qui manque ? *Red?* Mais oui, tu as raison ! Et voilà, les Super Bébés peuvent à nouveau super voler et super porter la poussette en haut de la **MONTAGNE DES DRAGONS**. En route, les amis ! *Come on, friends!*

4

COCORICO !

En haut de la **MONTAGNE DES DRAGONS**, la petite troupe est accueillie par des **bébés dragons** tout grognons.

– Dora, ces bébés dragons nous barrent le chemin.

– Ne t'en fais pas, Babouche ! Ils sont juste fatigués et ils ont faim.

Ils veulent des piments **rouges**. Les Super Bébés aperçoivent vite des piments de toutes les couleurs.

– J'ai encore besoin de toi. Les dragons veulent-ils des piments **jaunes**, *yellow* ? Non, tu as raison ! Des **verts**, *green* ? Non plus ! Des **rouges**, *red* ? Oui ! Bravo !

Dora et Babouche apportent les piments **rouges** aux bébés dragons qui s'écartent pour les laisser passer.
– Et voilà, Dora ! Nous avons franchi la **MONTAGNE DES DRAGONS**.
– Exact, Babouche ! Il ne nous reste plus qu'à aller au **CHÂTEAU DES RÊVES** pour réveiller la gentille **Fée des Rêves**.
Dora, Babouche et les Super Bébés trouvent vite le bon chemin. Seulement, une fois arrivés au pied du **CHÂTEAU DES RÊVES**, une mauvaise surprise les attend.
– Oh, non, le **Coq d'Or** qui doit réveiller la **Fée des Rêves** est toujours dehors et il n'a presque plus de voix à force

de crier « Cocorico ! ». Et la Fée dort toujours comme un bébé. Vite, chante : « **COCORICO !** » avec nous. Vas-y, chante fort ! Oui ! Ça y est, la Fée s'étire et se réveille.

La **Fée des Rêves** est en retard. Elle saisit vite sa **baguette magique** et son **sac à rêves**. Puis, elle vole aux côtés des Super Bébés pour aller endormir tous les bébés qui l'attendent.

– La **Fée des Rêves** a besoin de nous pour dire **« Fais de beaux rêves ! »** aux bébés. Ces mots magiques les aident à bien s'endormir. Allez, dis-le avec nous en anglais : « *Sweet dreams!* »

Enfin, la petite troupe arrive chez Dora. Mais Guillermo et Isabella sont fatigués et veulent eux aussi faire de beaux rêves.

– Grâce à toi, on a réussi à réveiller la **Fée des Rêves**. Là, elle endort doucement mon **petit frère** et ma **petite sœur**. Merci de ton aide. C'est gagné ! *We did it!*

Le petit dico de Dora

français - anglais

ALLONS-Y ! : *let's go!* (lait-sse go)

BLEU : *blue* (blou)

BONJOUR : *hello* (héllo)

BRAS : *arms* (arm-sse)

C'EST GAGNÉ ! :
we did it! (oui dide ite)

ELLE EST LÀ ! :
there it is! (zer-it-iz)

EN ROUTE, LES AMIS ! :
come on, friends! (comme one freindze)

FAIS DE BEAUX RÊVES ! :
sweet dreams! (souite druimz)

FLEURS : *flowers* (floweurz)

FORMIDABLE : *great* (graite)

GRENOUILLE : *frog* (frogue)

JAUNE : *yellow* (yélau)

LA PETITE SŒUR :
the baby sister (ze baibi sisteur)

LE PETIT FRÈRE :
the baby brother (ze baibi brozeur)

MA MAISON :
my house (maille aousse)

MA MAMAN :
my mummy (maille meumi)

MA TANTE : *my aunt* (maille eunte)

MAINS : *hands* (eindze)

MERCI : *thank you* (cinq iou)

MON COUSIN :
my cousin (maille couzine)

MON ONCLE :
my uncle (maille eunekeul)

MON PAPA : *my daddy* (maille dadi)

RENTRE VITE A LA MAISON ! : *come home, quickly!* (comme home couik-li)

ROUGE : *red* (roued)

UN BÉBÉ : *a baby* (e baibi)

VERT : *green* (grouine)

Le petit monde de Dora

Bonjour ! *Hello!* C'est moi, Dora l'Exploratrice ! Comme tu le vois, je parle aussi bien français qu'anglais. Je suis une exploratrice et pour vivre de belles aventures, je m'entoure toujours d'amis précieux comme Babouche, Sac à dos et la Carte !

Dora

Mummy

Elle aime beaucoup
mes amis ! Elle est
archéologue :
elle trouve de belles
choses dans la terre.

Daddy

Il est toujours prêt
à m'apprendre
quelque chose :
à jouer au base-
ball, à cuisiner,
à faire du vélo...

Les Jumeaux

Je suis heureuse car
j'ai une petite sœur,
Isabella, et un petit
frère, Guillermo.
Ce sont des jumeaux !
J'adore leur raconter
des histoires et jouer
avec eux.

Babouché

Ce petit singe rigolo est mon meilleur ami. On est inséparables ! Je l'aime tellement qu'il est un peu comme mon petit frère.

Sac à dos

Il a l'air tout petit mais il contient plein de choses utiles pour mes aventures !

La Carte

C'est impossible de se perdre avec elle. Elle connaît toujours le meilleur chemin à prendre.

Véra

C'est mon amie le varan. Elle connaît tout sur les fleurs et les papillons.

Tico

Si j'ai un souci, mon ami l'écureuil trouve toujours une solution pour m'aider, en voiture, en avion ou en bateau !

Totor

C'est mon ami le taureau ! Il vit dans une grange et il est le roi de la mécanique !

Camila

La maman de mon amie Camila a un atelier de tissage. Camila est une très bonne couturière. Grâce à elle, nous avons pu recoudre les capes magiques des Super Bébés.

Mister Toucan

Ce toucan ne parle qu'en anglais. Il est toujours prêt à m'aider et aime bien me lancer des défis !

Collection dirigée par Lise Boëll.

D'après la série télévisée *Dora l'Exploratrice* réalisée par Eric Weiner.

22 rue Huyghens, 75014 Paris
www.albin-michel.fr

Ces textes sont adaptés des épisodes de dessin animé :
Dora Grande Sœur (Big Sister Dora)
Les Super Bébés et la Fée des Rêves (Super Babies Dream Adventure)

Adaptation : Valérie Videau
Conception éditoriale : Lise Boëll
Éditorial : Marie-Céline Moulhiac et Céline Schmitt
Direction artistique : Luc Doligez

ISBN : 978-2-226-23938-9
Loi n°49-956 du 16 juillet 1949 sur les publications destinées à la jeunesse.
Achevé d'imprimer en France par Pollina - L59496B
Dépôt légal : février 2012